Ulrich Meier

Kamele hinter dem Nadelöhr

Ulrich Meier

Kamele hinter dem Nadelöhr

Geschichten aus dem Innenraum

Mit Zeichnungen von Wolfgang Voigt

Urachhaus

Für Günther Lange

Ulrich Meier (*1960 in Hamburg), Ausbildung und Tätigkeit als staatlich anerkannter Erzieher. Studium an der Freien Hochschule der Christengemeinschaft, seit 1990 Pfarrer in Hannover. Verschiedene Veröffentlichungen u.a. in der Zeitschrift *Die Christengemeinschaft*. Ulrich Meier ist verheiratet und hat fünf Kinder.

Wolfgang Voigt (*1961 in Hannover), Zeichnungen in Beize, Ölkreide und Aquarell. Seit 1990 als diplomierter Kunsttherapeut und -pädagoge im Künstlerischen Therapeutikum in Hannover tätig. Parallel dazu arbeitet er als Maler und Raumkünstler sowie in interdisziplinären künstlerischen Projekten. Wolfgang Voigt ist verheiratet und hat drei Kinder.

ISBN 3-8251-7437-9

Erschienen 2003 im Verlag Urachhaus

Umschlag: Ursula Weismann
unter Verwendung des Gemäldes: Zwei Dromedare und ein Esel von Paul Klee

Druck: Freiburger Graphische Betriebe, Freiburg

Inhalt

Selbstgespräch eines Kamels

Leichter ist es, dass ein Kamel durch ein Nadelöhr hindurchgeht,
als dass ein Reicher in das Reich Gottes eingeht.
Evangelium nach Lukas, Kapitel 18, Vers 25

Jetzt hat man mich zum ›Wappentier der christlichen Selbsterziehung‹ ernannt – dabei bin ich mir gar nicht sicher, ob der Ausdruck ›Tier‹ auf mich überhaupt noch anwendbar ist.
Früher, vor der Sache mit dem Nadelöhr, wäre ich allerdings stolz auf einen solchen Titel gewesen. Das heißt, ich war auch so stolz, was bei meiner damaligen stattlichen Erscheinung wohl auch nicht weiter verwunderlich ist.
Ich war nämlich gut als Kamel. Spezialist für Lasten und Langstrecken, aber auch mit Reiter war ich kaum zu schlagen: schnell und trotzdem sanft – meine Sammlung von Trophäen und Pokalen konnte sich sehen lassen.

Aber ich wollte ja eigentlich von dem Durchgehen erzählen: Vor dem Nadelöhr zu stehen und nicht durch zu können, ist hart. Tausend Ängste greifen dir ans Herz. Und tausend Ausflüchte halten dagegen: Irgendwie drum herum zu kommen halt – oder, wie es heute so schön heißt, als *lean camel* drüben auf der anderen Seite weitermachen zu können.
An den Augenblick, als der Kampf ausgestanden war und ich angefangen habe durchzugehen, kann ich mich beim besten Willen nicht mehr erinnern – ein blinder Fleck. Nur als ich dann im Öhr war, da merkte ich, was los war. Oder besser: Jetzt

kann ich rückblickend nach Worten suchen, die meinen damaligen Zustand beschreiben helfen. Das von mir erwartete und befürchtete Nichts, also das, was kommt, wenn du denkst: »Jetzt geht nichts mehr, so kommst du nicht mehr weiter«, war alles andere als ein Nichts. Ich war zwar kein Kamel mehr in dem Sinne, wie ich mich zu kennen glaubte, aber dafür war ich alles Mögliche bzw. es war möglich, *alles zu sein.*
Ich war zum Beispiel Hiob. Plötzlich hatte ich ein Gefühl dafür, was er meinte, als er ausrief:

»Ich bin nackt von meiner Mutter Leibe gekommen, nackt werde ich wieder dahinfahren. Der Herr hat's gegeben, der Herr hat's genommen; der Name des Herrn sei gelobt!«

Hiob hat sich nicht beklagen wollen über sein doppeltes Nacktsein – er hat darin Ruhe gefunden, den großen Ausgleich der Waage zwischen arm und reich, zwischen Mensch und Gott.

Außerdem war ich noch Hans im Glück. Wenn ich früher gehört habe, etwas sei zum Totlachen, hielt ich das für ungehörig gegenüber der Majestät des Todes, zumindest für übertrieben. Heute weiß ich, dass Lachen ein sehr hilfreiches Mittel ist, wenn man durch das Nadelöhr will.

Schließlich war und bin ich das Sterntalermädchen. Ich lebe jetzt da, wo es stimmt:
»...und ob es gleich sein Hemdlein weggegeben, so hatte es ein neues an, und das war vom allerfeinsten Linnen.«

Ich bin also eigentlich gar kein Kamel mehr. Was oder wer ich jetzt bin?
Du vielleicht.

Traumkünstler Joseph

Als Joseph aus dem Schlaf erwachte, tat er, wie ihm der Engel des Herrn geboten hatte, und nahm seine Frau zu sich.
Evangelium nach Matthäus, Kapitel 1, Vers 24

Eigentlich hätte ich es schon viel früher wissen können: Meine Träume sind etwas sehr Wertvolles. Ich wäre ja auch nicht der erste Joseph, der es mit dem Träumen hat. Warum ich der Traumwelt so lange ferngeblieben bin, verstehe ich jetzt selber nicht mehr. Jedenfalls kann ich nur von Glück sagen, dass ich gerade jetzt wieder zu den Träumen und damit zu mir selbst gefunden habe. Auch wenn ich immer noch etwas unsicher bin.

Wie oft bin ich mit meiner Träumerei schon zum Gespött geworden: »Du Traumtänzer«, heißt es dann, »du hast gar keine Ahnung, worauf es im Leben ankommt!« Mir fehle es an den einfachsten Dingen, am so genannten gesunden Menschenverstand zum Beispiel, den jedermann selbstverständlich zur Verfügung habe, wenn er nur ein bisschen aufgeweckt sei.
Es ist ja auch wahr: Wenn du deine Träume nicht zu nehmen weißt, kannst du oft im Hier und Jetzt nur wenig damit anfangen. Früher habe ich sie manchmal weitererzählt. Meistens fand sich auch jemand, der sich daraus eine ganze Welt zusammengesponnen hat. Als wenn er vom Träumen am helllichten Tage nicht genug bekommen könnte! Oder die Traumdeuter: Wenn alles richtig wäre, was die aus meinen Träumen heraus- und in sie hineingelesen haben, dann müsste ich schon mehr-

mals gestorben sein – und hoffentlich auch wiedergeboren. Nein, bei den Traumdeutern ist meine Verwirrung nur immer größer geworden.

Eine Zeit lang habe ich deshalb versucht, mein Träumen nicht zu beachten. Damit ist es mir aber auch nicht gut ergangen. Ich wurde zwar von den Leuten endlich für voll genommen, dafür fehlte mir aber etwas anderes. Nicht wie bei einem, der Hunger oder Durst leidet, sondern eher wie jemand, der ohne Tanz und Spiel oder ohne Bilder und Gesang leben müsste. Schließlich habe ich begonnen, die Welt in zwei Teile einzuteilen: Traum bleibt Traum und Alltag Alltag. Ich konnte zwar wieder Freude am Träumen haben, aber die unheilvolle Zweiteilung ging auch auf mich selber über. Es gab nun einen Alltags- und einen Traumjoseph.

Das ist mir jetzt fast zum Verhängnis geworden. Als Alltagsjoseph hatte ich mir alles ganz richtig überlegt: Es wird das Beste sein, Maria in Stille zu entlassen. Ich hatte wirklich gründlich nachgedacht, hatte alles erwogen, was mir dazu in den Sinn gekommen ist – und meine Entscheidung war ja auch nach menschlichem Ermessen nicht nur gerecht, sondern auch ausgesprochen milde: Maria wäre frei, mit einem anderen Mann zu leben. Sie war ohne mein Wissen schwanger geworden und konnte unmöglich bei dem Joseph bleiben, der ich am Tage in meinem Wachsein war.

Und dann kam mein Traum – und in dem Traum der Engel des Herrn.
Der war so ganz anders, als ich es jemals erwartet hätte. Als ich den ersten Schrecken hinter mir gelassen und in der Stimme des Engels Gottes Wort erkannt hatte, kam das zweite Erschrecken: Was der Engel zu mir sprach, war das genaue Gegenteil

von meinem vorher so vernünftig gefassten Entschluss. Und dann geschah das Merkwürdige: Meine Vernunft und der Engel begannen, miteinander zu streiten, wie damals Jakob am Jabbok mit dem Engel in der Nacht gerungen hat. Nur dass mich der Engel am Ende nicht an der Hüfte angefasst hat, sondern an Haupt und Herz.

Damit bin ich dann heute Morgen aufgewacht – und bin zum dritten Mal erschrocken. Da waren nicht mehr der Alltagsjoseph mit seinem Menschenentschluss und der Traumjoseph mit seinem Engelwort, zwischen denen ich mich hätte entscheiden müssen. Zwar erinnere ich den Traum so deutlich wie kaum einen anderen – und auch meinen Vorsatz von vorher. Aber es gibt jetzt keinen Zweifel mehr. Mein Entschluss hat einen neuen Inhalt bekommen, aber nicht von außen, sondern von innen. Als hätten Traum und Engel ihn in mir gezeugt.

Daraus kann ich jetzt handeln: Maria zu mir nehmen und dem Kind seinen Namen geben. Darin wird sich erfüllen, was mit dieser Traum-Engel-Nacht in mir begonnen hat.
Mir ist klar geworden: Ich bin ein anderer als der kleine Joseph, den ich vom Wachen kenne – und ein anderer als der unendlich große Joseph, den ich im Schlaf nicht fassen kann. Als Träumender erahne ich das Maß des wahren Menschen und kann vielleicht etwas davon in meine Wachheit hereintragen.

Mit neuem Schwung will ich jetzt weiterträumen und mich in der Kunst versuchen, der Tagwelt etwas von dem hinzuzufügen, was sie ohne Träumer entbehren müsste.

Ein Teufel meint es ehrlich

Und als der Widersacher alle Versuchungen beendet hatte,
ließ er von ihm ab bis zu der ihm bestimmten Zeit.
Evangelium nach Lukas, Kapitel 4, Vers 13

Hallo Sie! Ja, genau Sie! Würden Sie mir bitte kurz mal zuhören? Ich möchte gern ein offenes Wort mit Ihnen sprechen. Das ist tatsächlich so gemeint, ehrlich. Ich spiele wirklich mit offenen Karten. Also, gleich am Anfang: Ich bin ein Widersacher. Oder, genauer gesagt: ein Teil der Mächte, die gegen Gott und seine Ziele arbeiten. Ich war damals dabei, als der gerade getaufte Jesus Christus in der Wüste in Versuchung zu führen war. Ich weiß, dass Teufel normalerweise nicht so höflich sind, sich vorzustellen, aber ich brauche dringend jemanden zum Reden. Und da Sie offensichtlich gerade bereit sind, mir ein bisschen von Ihrer Zeit zu schenken, habe ich gehofft, es wäre vielleicht möglich. Sozusagen außerhalb meiner üblichen Aufgaben.

Nicht dass Sie denken, ich hätte die Teufelei satt und wollte zur Gegenseite überlaufen. Ich werde Widersacher bleiben, lassen Sie sich da von keinem Kollegen etwas anderes vormachen. Aber ich habe gerade Pause, und da will ich mit Ihnen oder wenigstens zu Ihnen sprechen. Also noch einmal ganz klar mein zugegebenermaßen etwas außergewöhnlicher Vorschlag für einen Pakt: Bis zum Ende dieser Zeilen biete ich Ihnen an, auf jede Art von Versucherversuch zu verzichten. Das heißt, ich werde von mir aus keine Anstalten machen, Sie auf teuflische

Art zu bearbeiten. Was Sie selber dazu tun, ist allerdings Ihre Sache. Sicher werden Sie jetzt fragen, was die Gegenleistung ist, habe ich Recht? Es stimmt: Kein Pakt ohne Gegenleistung. Ich sagte ja schon, dass Sie mir zuhören und mir etwas von Ihrer Zeit schenken. Das ist alles. Aber auch hier will ich offen sein: Wenn Sie mir jetzt Gehör schenken, wird es nicht zu umgehen sein, dass ich – trotz aller Offenheit und der vollen Einhaltung des Paktes – eventuell doch mehr Raum in Ihnen einnehme, als für Sie gut ist. Auch im Urlaub bleibt der Teufel Teufel.
So. Nun sollten Sie sich entscheiden: Entweder Weiterlesen oder zum nächsten Kapitel blättern.

Sind wir jetzt allein? Also, ich schieß' los. Wenn unsereins schon mal ein offenes Wort riskiert, dann ist es meist eine Beschwerde. Das wissen zumindest alle, die den *Faust* kennen, obwohl meine Kameraden dort nicht mit Menschen sondern mit Gott reden. Wie dem auch sei, ich kann mich leider aus diesen Klagegesängen nicht ausnehmen. Und natürlich habe auch ich mit den Menschen die meisten Probleme. Nicht dass sie mir die Arbeit schwer machten, nein, im Gegenteil. Ich fühle mich ständig in meiner Berufsehre gekränkt, weil sie mir zu wenig Anreiz geben, meine Fähigkeiten beweisen zu können. Stellen Sie sich vor, Sie sind Schornsteinfeger und kein Mensch hat Ruß im Kamin! Zwar werde ich dadurch nicht arbeitslos, die Arbeit macht nur einfach keinen Spaß mehr. Jedenfalls ist auch heute der menschliche Hauptfehler der gleiche wie zu allen Zeiten: Sie nehmen mich nicht für voll. Ich leide, kurz gesagt, unter teuflischen Minderwertigkeitsgefühlen. Seit so viele Menschen nicht mehr an Gott glauben, ist es noch schlimmer geworden. Merkwürdig, aber die Gegenwart Gottes in den Menschen bietet eine gewisse Gewähr dafür, dass sie auch uns Teufel ernst nehmen. Wenn überhaupt, dann stel-

len sich die Leute ihren Widersacher vor wie eine der geschmacklosen Puppen aus ihren lächerlichen Gruselfilmen. Aber was sollen wir machen? Wir sind nun mal darauf angewiesen, dass wir bei unserer Arbeit unbemerkt bleiben. Jede Art von Öffentlichkeitsarbeit verbietet sich von daher schon von selbst. Im Grunde ist schon unser kleines Gespräch hier gegen die Regel und ich kann nur hoffen, dass es keinen Ärger gibt. Aber man muss sich ja auch mal seinen Frust von der Seele reden, oder?

Das andere Problem sind natürlich Gott und seine Engel – von den Scherereien mit meinen Arbeitskollegen will ich lieber gar nicht erst anfangen. Ich wünsche mir einfach ein bisschen mehr Krieg. Klar, wir haben verschiedene Ziele, ich sagte es schon. Aber manchmal beschleicht mich das Gefühl, dass die sich hinter meinem Rücken lustig machen, gerade wenn ich mit vollem Einsatz dabei bin. Die haben einfach keinen Sportsgeist. Das regt mich regelrecht auf! Wenn wir wirklich mal einen Erfolg landen, dann ärgern die sich überhaupt nicht richtig, sondern irgendeiner fängt bestimmt wieder davon an, dass auch wir, wie unser Chef, letztlich Söhne Gottes sind, blablabla … Jeder könne das im Buch Hiob nachlesen. Warum immer dieses Herumreiten auf den Gemeinsamkeiten!? Ich will einen echten, hart kämpfenden Gegner und damit basta. Entschuldigung, ich habe mich etwas in Rage geredet. Außerdem muss ich Schluss machen, die Arbeit geht weiter.

Vorher wollte ich aber noch mal auf die Versuchung in der Wüste zurückkommen. Wir hatten Jesus von Nazareth schon länger beobachtet. Er war wirklich ein ganz außergewöhnlicher Mensch. Es war klar, dass es bei ihm schwer würde mit der Versuchung. Deswegen war es sozusagen eine besondere Ehre, dabeizusein. Natürlich wussten wir auch, dass er in der Taufe

Gottes Sohn geworden war. An diesem Punkt wollten wir ja ansetzen. Umso mehr hat mich erstaunt, dass er in der Versuchung als Mensch bestanden hat, also Gottes Wort nicht selbst, sondern nur aus der Schrift gesprochen hat. Er hat uns vom ersten Augenblick an ernst genommen, schon bevor er uns erkannt hat. Außerdem hat er gezeigt, dass er mit uns nicht gemeinsame Sache machen will. Schließlich hat er uns ziemlich deutlich abgewiesen.
Damit wäre er ja eigentlich genau so, wie ich mir Mensch und Gott wünsche, sogar beides in einem.

So, jetzt reicht es aber wirklich. Die Pflicht ruft. Danke auch fürs Zuhören.
Wie bitte? Ihnen ist das alles nicht teuflisch genug? Na, dann warten Sie mal ab, was passiert, wenn die Pause vorbei ist und wir so richtig loslegen.

Draußen vor dem Hochzeitssaal

Da sagte der König den Dienern: Fesselt ihn an Füßen und Händen
und werft ihn hinaus in die Dunkelheit da draußen;
da wird Heulen und Zähneknirschen sein.
Evangelium nach Matthäus, Kapitel 22, Vers 13

Sprechen kann ich immer noch nicht, obwohl ich es gerne tun würde. Schon um irgendjemandem zu sagen, wie es hier ist. Und weil ich dann vielleicht etwas mehr in Erfahrung bringen könnte über mein Leben, früher und jetzt. Man kann nämlich reden und dabei neue Dinge lernen, über Gott und die Welt, sogar über sich selbst. Ich habe das hier bei meinen Sprechversuchen herausbekommen.

Alles fing mit der Hochzeit an. Ich bin mit den anderen zu dem Saal gegangen, in dem das Fest vorbereitet worden war. Konnte ich ahnen, um was es da eigentlich ging? Das weiß ich auch heute noch nicht, obwohl mir inzwischen vieles klarer geworden ist. Schließlich bleibt mir hier nicht viel mehr übrig als nachzudenken.
Was willst du machen, an Händen und Füßen gebunden, draußen in der Finsternis?

Eine Strafe, dass sie dich hinausgeworfen haben. Das war natürlich mein erster Gedanke. Aber worin bin ich schuldig geworden? Viele von uns wussten nicht, was es mit der Hochzeit auf sich hatte. Weder Bräutigam noch etwa die Braut waren bekannt. Wir waren ja auch nicht eigentlich vorbereitet oder gar eingeladen.

In meiner Ohnmacht hier draußen habe ich viel Wut gehabt. Ich habe mich ungerecht behandelt gefühlt. Gibt es ein schlimmeres Gefängnis, als in der Leere zu sein, in der totalen Finsternis, ohne dich rühren und etwas tun zu können? In einem gewöhnlichen Gefängnis kannst du mit dem Kopf gegen die Wand rennen, du spürst, wenn sie die Tür zumachen, dass es deine Feinde sind, die dir das alles antun. Aber hier? Hier ist niemand, keine Wand, keine Tür, nur du allein.
Anstelle von Sprache und Bewegung bleiben dir nur Heulen und Zähneknirschen. Doch dieser Wechselgesang zwischen dem harten Klappern meiner Zähne und den Heultönen aus meinem Mund hat dann irgendwann den Anstoß gegeben, es war sozusagen die erste Sprechübung. Einmal, wenn ich soweit bin, werde ich eine neue Sprache sprechen. Weil ich stumm war, wird sie anders klingen, und weil ich das hier alles durchgemacht habe.

Aber meine eigentliche Entdeckung war schließlich: Ich bin es, der jetzt hier ist, ich.

Ich habe angefangen damit aufzuhören, andere für mein Tun und Lassen verantwortlich zu machen. Ich will nicht mehr zu Hochzeiten gehen, weil andere hingehen, ich will auch nicht mehr diejenigen hassen, die mich gebunden und hierher gebracht haben. Denn meine Ohnmacht ist zu dem Ort geworden, an dem ich meiner selbst zuerst bewusst geworden bin. Und dafür bin ich dankbar. Nicht in dem alten Sinne, dass ich mir bessere Chancen ausrechne, wenn ich gehorsam bin als Unterdrückter. Es klingt vielleicht seltsam, aber es stimmt: Erst seit ich hier draußen bin, weiß ich überhaupt, was es bedeuten

würde, drinnen zu sein. Ich kenne die Momente, in denen ich in mir selber bin.

Am meisten habe ich natürlich über das hochzeitliche Kleid nachgedacht. Und was der König gemeint hat, als er fragte: »Freund, wie konntest du hier hereinkommen ohne Hochzeitsgewand?« In diesem Augenblick begann ja mein Stummsein.
Damals im Saal war ich einfach überwältigt. Nicht von dem, was der König sagte, sondern vielmehr von der ganzen Art, wie er zu mir sprach. Heute würde ich sagen, dass ich plötzlich eine Ahnung davon bekommen habe, was für ein gewaltiger Unterschied ist zwischen drinnen und draußen. Ich konnte schon deshalb nichts sagen, weil ich ein Hereinkommen in einen Innenraum gar nicht bemerkt hatte. Man könnte sogar sagen: Ich war eigentlich noch draußen, obwohl ich im Saal war.
Und dass ich das Gewand nicht trug, das man mir als Gastgeschenk am Eingang des Hauses gegeben hatte? Das habe ich erst gesehen, als der König davon sprach. Es war ein bisschen so wie damals bei Adam und Eva im Paradies, als sie ihre Nacktheit entdeckten.

Nachdem ich nun mein Paradies verloren habe, halte ich mich an das erste Wort, das der König gesprochen hat und dessen Klang mir immer wieder Trost ist: Freund.
Daraus schöpfe ich die Hoffnung, dass meine Existenz hier draußen noch nicht das Ende sein kann. Ich werde sprechen lernen, das wird auch Hände und Füße wieder beweglich machen. Dann werde ich die Innenräume suchen, in denen der König für seinen Sohn Hochzeitsfeste bereitet.

Für das Tragen des hochzeitlichen Kleides kenne ich ja jetzt eine Art Untergewand:
Ich bin es, der jetzt hier ist, ich.

»Nimm dein Bett ...«

Da stand er auf, nahm sogleich sein
Bett und ging vor aller Augen hinaus.
Evangelium nach Markus, Kapitel 2, Vers 12

Es muss schon ein seltsamer Anblick sein, wenn ich mit meinem Bett auf den Straßen herumgehe. Besonders natürlich für diejenigen, die mich von früher her kennen. Ich war nämlich bis vor kurzem gelähmt und darauf angewiesen, von anderen getragen zu werden, wenn ich unterwegs sein wollte. Nun habe ich mein Bett, oder genau genommen meine Tragbahre immer auf den Schultern und die Leute wundern sich darüber. Wobei ich nicht sicher bin, ob sie sich wundern, weil ich gesund geworden bin, oder ob sie es sonderbar finden, dass ich auf meine Bahre nicht mehr verzichten möchte.

Zuerst habe ich einfach nur das gemacht, was mir bei meiner Heilung gesagt worden ist: »Steh auf, nimm dein Bett und wandle!«. Mit der Zeit habe ich mir dann meine eigenen Gedanken dazu gemacht und mich entschieden, die Bahre als zu mir gehörig anzusehen.

Früher hätte ich alles darum gegeben, nie wieder etwas mit dieser Bahre zu tun haben zu müssen. Es war mein größter Wunsch, mich wieder frei bewegen zu können. Aber als Gelähmter verlierst du irgendwann den Mut zu solchen Wünschen, denn schon das tut weh, weil du dann umso mehr darunter leidest, dass du

nicht kannst. Die meisten machen sich gar kein Bild davon, wie das ist: Du kannst dich einfach nicht bewegen, du kommst nicht von der Stelle, musst für jede Kleinigkeit jemanden um Hilfe bitten. Am schlimmsten ist es, dass du dich nicht mehr aufrichten kannst. Erst als Gelähmter ist mir klar geworden, wie wichtig die Aufrechte ist, sie ist ein göttliches Geschenk für uns Menschen.

Ich war sehr aufgeregt, als man mich zu dem brachte, auf den alle meine Hoffnung gerichtet war. Zunächst hatte ich dabei nur an die Heilung meiner lahmen Glieder gedacht, aber es sollte ja noch viel mehr geschehen. Als meine lieben Träger das Dach öffneten, um mich und meine Bahre vor ihm hinunterzulassen, bekam ich es allerdings ein bisschen mit der Angst zu tun. Es ist schon ein ungewöhnliches und einzigartiges Gefühl, von oben her in ein Haus einzuziehen. So muss es wohl sein, wenn du als Kind in das Haus deines Leibes einsteigst.

Und da sprach er das Wort der Sündenvergebung. Ich hatte dabei nicht die Zweifel der Pharisäer, an die er sich dann wandte. Ich fühlte schließlich sofort die Kraft, die von seinen Worten ausging. Nein, meine Zweifel regten sich an ganz anderer Stelle: Warum spricht der Heilende von meinen Sünden, wenn es um meine Krankheit geht? War ich denn gelähmt, weil ich gesündigt hatte? Hatten meine Peiniger Recht, wenn sie mir immer wieder vorhielten, dass ich an meinem Zustand selbst schuld sei? Ist meine Krankheit die Strafe für ein Vergehen? Plötzlich waren diese Fragen wieder da, ohne dass ich sie besser hätte beantworten können als früher. Und mit den Fragen kam auch meine ganze Niedergeschlagenheit zurück, die ich zuletzt gar nicht mehr richtig gespürt hatte. Woher ich trotzdem die Kraft hatte, mich und dann auch die Bahre zu erheben, kann ich gar nicht mehr sagen. Es ging jedenfalls, oder besser: Ich ging, wenn auch am Anfang noch mit zitternden Knien.

Eine Art Antwort auf die vielen Fragen habe ich erst später gefunden, als ich mit meinem Bett auf den Schultern herumgelaufen bin und dabei immer wieder über die Worte nachdachte: »Steh auf, nimm dein Bett und wandle!« Was soll das Tragen der Bahre bewirken? Warum sollte ich nicht einfach so wieder gehen?
Wichtig war mein eigener Entschluss, die Bahre von jetzt an freiwillig und auf Dauer zu tragen. Was mir dazu eingefallen ist, reicht noch nicht für eine vollständige Erklärung, aber ein paar Gedanken sind schon zusammengekommen: Ich muss die Ursachen nicht unbedingt in der Vergangenheit suchen, der Grund für etwas kann auch in der Zukunft liegen. Dass ich zum Beispiel jetzt nicht nur meine Gestalt, sondern zusätzlich mein Bett tragen kann, hat sich in der Gelähmtheit vorbereitet.

Ich habe mir gesagt: So wie ich jetzt die Bahre nehme, habe ich zuvor meinen kranken Leib auf mich genommen. Ich war bereit gewesen, gelähmt zu sein. Auch dazu bereit, dass dadurch etwas in mir werden könnte, was vielleicht auf andere Weise nicht möglich wäre. Die Trage ist nun nicht mehr das mir vertraute Zeichen der Krankheit, die mich zwingt, sondern mein Siegeszeichen dafür, dass mit Hilfe der Lähmung etwas Neues in mir erschaffen ist. Mir wurde nicht die Krankheit genommen sondern die Heilung geschenkt. Durch den, der mich geheilt hat, bin ich nicht wegen einer Schuld in der Vergangenheit krank gewesen, sondern für die Gesundung in der Zukunft.

Und weil ich das alles weiter erhalten will, trage ich mein Bett … und wandle.

Des Nächsten Nächster

Und siehe, da trat ein Gesetzeslehrer auf und sprach,
um ihn auf die Probe zu stellen: Meister, was muss
ich tun, um am ewigen Leben Anteil zu erhalten?
Evangelium nach Lukas, Kapitel 10, Vers 25

»Wer ist denn mein Nächster?«
Die Frage war schon heraus, als ich merkte, dass mich meine eigene Antwort von vorher mitten in die Brust getroffen hatte: » ...und deinen Nächsten wie dich selbst«. Wie oft hatte ich das Gesetz gelesen, wie oft diese Worte gesprochen und gehört. Aber jetzt, da der Meister fragte und zuhörte, da fingen die Worte an sich zu bewegen. Und was bisher immer ein gerader Weg schien von mir zu denen, die ich für die Nächsten gehalten hatte, das kam jetzt auf mich zurück, » ...wie dich selbst«. Aber gleich darauf ging es wieder in die andere Richtung, sodass ich dann meine Frage stellte, eine dumme Frage, für die ich mich schon fast schämen wollte.

Nachdem ich allerdings den unter die Räuber Gefallenen und den barmherzigen Samariter als Antwort bekommen habe, bin ich auf meine Dummheit beinahe stolz. Hätte ich denn ohne meine dumme Frage alle diese Wege gehen lernen können?

Da war erst der Weg von Jerusalem nach Jericho hinunter, der Fall unter die Räuber, auf die Erde – der halbe Weg zum Tode. Ein Abstieg, den jeder gehen muss, wenn er zur Welt geboren

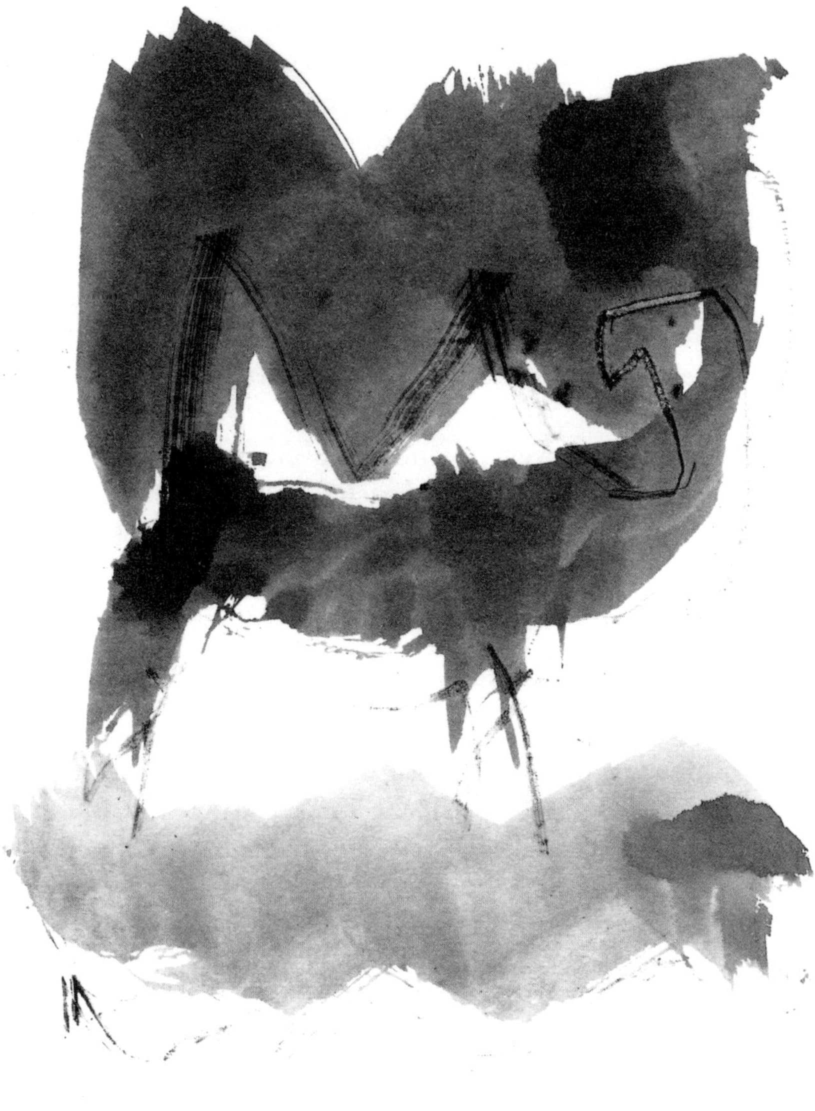

wird. Ich kannte ihn, wenn auch nicht so heftig, aber nun beginne ich ihn mit seinem Sinn zu begreifen.
Dann der ganz andere Weg, der beim Sehen beginnt, der zweimal in das Vorübergehen und erst beim dritten Mal ins Herz führt. Mit dem Mitleid gerät er aufs Neue in Bewegung, er strömt in Öl und Wein dem Verwundeten zu und hebt ihn hinauf auf das Reittier. Unter dem Schutz von Verband, Obdach und Pflege verwandelt sich der Weg ein weiteres Mal, indem er zur Ruhe wird.
Als der Samariter schließlich von seiner Rückkehr sprach, da ging es mir ein zweites Mal durchs Herz. Wieder dieses Hin und Her, dieses Weggehen und Wiederkommen, wie bei »...deinen Nächsten wie dich selbst.«

Unmöglich, diesen Weg zu gehen, bei dem du immer wieder umkehren musst, dachte ich.
Ja, und dann kam die große Umkehr, das ganz und gar Unerwartete, das ich natürlich nicht verstanden habe, weil schon die Frage des Meisters umgekehrt erschien: »Wer ist der Nächste geworden dessen, der unter die Räuber gefallen ist?« Meine Antwort war zwar richtig, aber es war einfach nur der Rückweg, der schon mit der Frage begonnen hatte, ohne Nachdenken: »Der ihm Barmherzigkeit erwiesen hat.«

Mit meiner eigenen Antwort stehe ich jetzt ziemlich hilflos da und schäme mich nun doch wegen meiner Überheblichkeit. Der Meister hat mir zum Abschied gesagt: »Gehe hin und handle ebenso!«
Ich will es versuchen, obwohl mir die Knie noch weich sind, wenn ich an die vielen Hin- und Rückwege denke.
Da bin ich nun alt geworden mit dem Gedanken, dass der Nächste doch wohl immer einer ist, der meine Hilfe braucht. Was sonst sollte mit Nächstenliebe gemeint sein?

Der Nächste, dem die Liebe zukommen soll, ist also der Helfer, nicht der Bedürftige. Das heißt, nicht derjenige macht den ersten Schritt auf dem Weg zur Gemeinschaft, der aus seinem Vermögen dem anderen hilft, sondern der bereit ist, die Hilfe eines Fremden anzunehmen. Wer unter die Räuber gefallen ist und trotzdem noch den Mut aufbringt, für ihre Hilflosigkeit Mitleid zu empfinden, der öffnet sich dafür, dass sie umkehren können. Es kostet die Halbtotgeschlagenen viel Kraft, ihre Schwächen und Verletzungen zu zeigen, damit sie gesehen werden können. Zweifach müssen sie sich enttäuschen und weiter verletzen lassen von Priestern und Leviten, die nur sehen um vorüberzugehen. Erst die ins Herz Getroffenen werden zu ihnen gelangen.

Zögernd gehe ich weiter: Die Brust, dein Herz, ist jeweils der Ort der Umkehr. Die Nächstenliebe beginnt dort mit dem Zeigen der Wunden, kehrt dann zurück mit Mitleid und Barmherzigkeit und ist schon wieder auf dem Rückweg in der Hinwendung zu dem Nächsten, » ...der ihm Barmherzigkeit erwiesen hat«. Diese Wege führen nicht nur von Menschenherz zu Menschenherz, sondern in unserem Gefallensein und der Umkehr können wir auch Gott zu unserem Nächsten werden lassen.

Auf den Wegen der Liebe zwischen Nächsten und Nächsten, zwischen Mensch und Gott, findet sich dann wohl das ewige Leben.

Schweinernes

> Gebt das Heilige nicht den Hunden preis und werft eure Perlen nicht den Schweinen vor, damit sie sie nicht mit ihren Klauen zertreten und sich gegen euch wenden und euch zerfleischen.
> *Evangelium nach Matthäus, Kapitel 7, Vers 6*

Jawohl, Sie sehen richtig: Ich bin kein Kamel, ich will auch gar keines sein, vielen Dank! Nein, ich lege großen Wert darauf, ein Schwein zu sein. Ich gehe nicht mit jeder Mode. Auch wenn es jetzt schick ist, Kamel zu tragen, na und?

Ich finde es fair von den Kamelen, dass ich hier sozusagen als Gast auch zu Wort kommen darf, obwohl ich eine ganz andere Meinung vertrete, eine ziemlich unkamelische und eher schweinerne.

Im Übrigen bin ich nicht irgendein x-beliebiges Schwein, kein gemeines Haus- oder Feldschwein, sondern Sie können mich selbstverständlich in der Bibel finden. Ich komme sogar gleich in drei Evangelien vor: Bei Matthäus, Markus und Lukas. Wer es mir nicht glaubt, kann ja selbst nachschlagen: Mt. 8,32, Mk. 5,13 und Lk. 8,33. Ich bin nämlich Mitglied jener Herde von 2000 Schweinen, die, ohne sich etwas zuschulden kommen zu lassen, bei Gerasa im See Genezareth ersoffen ist. Und das nur, weil eine Legion unreiner Geister aus irgend einem besessenen Menschen gefahren ist, als er von Jesus von Nazareth geheilt wurde. Außerdem wird seither immer wieder behauptet, nun seien wir Schweine von der Legion unreiner Geister besessen. Das ist natürlich Unsinn.

Ich weiß nicht, ob Sie das in Ordnung finden. Wahrscheinlich nicht, oder? Oder haben Sie vielleicht was gegen Schweine? Egal, ich möchte mich jedenfalls zu dem Vorfall am See im Moment nicht äußern – noch nicht.

Also, Sie wissen jetzt, mit wem Sie es hier zu tun haben: Mit einem wirklich prominenten biblischen Tier, das übrigens von den anderen 1999 Schweinen der Herde einstimmig zum Vorstandssprecher gewählt worden ist. Lassen Sie mich zunächst bitte drei freundliche Fragen an Sie richten, über Ihre Kamele und deren Oberkameltreiber. Nicht mehr als drei, und aus berufenem Munde, wie ich denke.
Nummer Eins: Kamele sind nützliche Tiere, unbestritten. Aber, Kamele hin, Kamele her, was soll diese total übertriebene Fixierung auf eine einzige Tierart? Das heißt doch im Umkehrschluss, dass alle anderen Tiersorten weniger wert sind, oder? Damit meine ich nicht nur Schweine, es gibt ja auch noch Esel, Schafe, Hunde usw., auch alles biblische Tiere. Wenn das mit den Kamelen wirklich eine so verdammt einmalige Sache wäre, warum ist dann in den letzten 2000 Jahren noch niemand drauf gekommen? Für wen hält sich Euer Kameltreiber eigentlich? Nur weil Schweinehirten in biblischen Zusammenhängen keinen guten Ruf hatten, muss man doch nicht gleich die Schweine selber links liegen lassen.
Nummer Zwei: Was soll diese Vermischung von unterschiedlichen Tierarten? Ein Kamel kann doch kein Mensch sein, genauso wenig wie ein Mensch ein Schwein ist. Wenn Sie meine Meinung dazu hören wollen: Das mit dem Nadelöhr ist ein billiger Trick, reine Augenwischerei, um den Leuten ein X für ein U vorzumachen.
Und Nummer Drei: Keines Ihrer netten Kamelchen kommt jemals auf die Idee, mal ein paar kritische Töne anklingen zu lassen. Jede Geschichte endet doch mehr oder weniger gefühls-

duselig, oder? Ist das der Wirklichkeit gegenüber angemessen? Ich komme noch auf die Schweinerei mit unserer Herde. Ehrlich, ich kann diese ganze Harmoniesülze nicht mehr hören. Mir gehen die Leute auf die Nerven, die diesen Jesus von Nazareth immer aufs Podest heben wollen. Auch Eure professionellen Kamelonkel und -tanten. Nach deren Meinung hat Jesus doch immer Recht. Er hat es nicht so gemeint, wenn er seine Geschwister zurückweist, wenn er einmal vom Frieden spricht und dann wieder: »Ich bin nicht gekommen, den Frieden zu bringen, sondern das Schwert«, wenn er die Tische der Wechsler im Tempel umstößt, den Feigenbaum verflucht – oder eben zulässt, dass wir Schweine den Abgang in den See machen. Der war einfach immer gut, auch wenn es ganz anders aussieht.
Es tut mir Leid, ich kann da nicht mit. Damit würde ich ja auch quasi gegen mich selbst als Schwein stimmen, würde den Rückhalt bei den Vorstandskollegen und in der Herde verlieren usw. Nein, ich finde, es ist Zeit, mal endlich Klartext zu reden. Den dritten Punkt möchte ich gleich ganz kurz abhaken. Zu den ersten beiden Punkten haben wir Schweine ein Grundsatzpapier erstellt, auf dessen Basis sich mit Sicherheit ein akzeptabler Kompromiss finden lässt.

Vorab aber noch, wie versprochen, ganz kurz zu der Sache mit der Herde im See: Aus der Sicht von uns Schweinen ist es ein klarer Verstoß gegen die Gleichbehandlung der göttlichen Geschöpfe, wenn für einen Menschen 2000 Schweine sterben müssen. Verstehen Sie mich bitte nicht falsch. Ich möchte jetzt nicht, dass das in allen Einzelheiten hier ausdiskutiert wird. Meine Mitschweine und ich haben auch ausdrücklich darauf verzichtet, in dieser Angelegenheit rechtliche Schritte einzuleiten. Es geht uns lediglich darum, die Gleichstellung aller Lebewesen und die Eindeutigkeit der Identität jeder Tierart für die Zukunft sicherzustellen.

Ich brauche Ihnen jetzt nicht unser ganzes Papier vorzubeten. Wenn Sie in Ihrem Exemplar keine Fotokopie gefunden haben, können Sie sich die Sache auch aus dem Internet herunterladen. Sie finden uns unter www.schweinemanifest.de. Der Einfachheit halber möchte ich jetzt nur noch unsere Resolution vorlesen und sie Ihnen hiermit zur Abstimmung vorlegen.

»Auf Antrag des Verbandes biblischer Schweine K.d.ö.R. mit Sitz in Gerasa wird folgende Erklärung verabschiedet:

1. Alle Tiere, zu denen im weiteren Sinne auch die Menschen gehören, sind grundsätzlich gleich. Eine Bevorzugung irgendwelcher Tierarten ist auszuschließen.
2. Jedes Tier hat die Grenzen seiner eigenen Art einzuhalten. Mensch bleibt Mensch, Kamel bleibt Kamel und Schwein bleibt Schwein.
3. Schon der Versuch, sich in andere Tiere zu verwandeln, ist strafbar.«

Meine sehr verehrten Damen, sehr geehrte Herren, ich bin sicher, dass Sie eine dermaßen eindeutige und gute Sache bestimmt unterstützen werden. Ist es doch ein Vorgang, der die bestehende Ordnung stützt. Jedenfalls allemal besser als dieser Kitschbruderschwachsinn von »Als Kamel kannst du alles sein, oder so…« Furchtbar. Ich sage immer: Jeder soll auf seine Weise glücklich werden, aber wir sind schließlich doch alle gleich. »Ob Schwein, Kamel, Hund oder Floh, das ist bei allen Tieren so.« Toller Slogan, nicht? Kommt übrigens von mir. So, jetzt aber Spaß beiseite. Ich bitte nun um die Abstimmung, am besten per Handzeichen. Sind Sie dafür? Oder Sie? Was? Das gibt's doch nicht! Schweinebande! Ich meine, ich wollte sagen: Olles Kamel Sie, blödes.

Vom unverlorenen Bruder

Da wurde er zornig und wollte nicht hineingehen.
Sein Vater jedoch kam heraus und redete ihm gut zu.
Evangelium nach Lukas, Kapitel 15, Vers 28

Das ganze Durcheinander hat sich inzwischen einigermaßen gelegt.
Aber ich bin seit dem bewussten Abend nicht mehr derselbe wie vorher. Ob das gut oder wenigstens richtig ist, will ich noch nicht sagen, dafür ist alles noch zu neu. Manchmal fürchte ich, dass für mich wirklich nichts mehr beim Alten, sondern tatsächlich alles anders geworden ist.

Inzwischen sehe ich es zum Beispiel nicht mehr so, dass mein Bruder durch sein Zurückkommen Schuld ist an der ganzen Veränderung. Ich selber bin die Ursache dafür, ich und mein Zornausbruch darüber, dass der Vater diese Rückkehr zum Anlass für ein Freudenfest genommen hat.
Mein Wutanfall war der Anfang dessen, dass ich mich selber nicht mehr wiedererkannt habe. Es war mir völlig neu, dass es solch einen entsetzlichen Zorn in mir gibt. Ein Grund zum Schämen.

Zuerst habe ich mich natürlich im Recht gefühlt mit meiner Wut. Schließlich musste ich doch meinen Bruder als den ansehen, der im Unrecht war und nicht mich, der ich nach seinem Auszug die Sohnesstelle beim Vater allein zu erfüllen hatte. Ich konnte ein-

fach nicht verstehen, warum er für sein Verlorengehen auch noch mit einem Fest belohnt werden sollte. War nicht der Schaden schon groß genug, indem alles durchgebracht war, was ihm der Vater gegeben hatte? Warum hat der Vater ihm bei seiner Rückkehr nichts abverlangt, sondern ihn noch einmal beschenkt?
An diesen brennenden Fragen hat sich das Feuer meiner Wut immer wieder entzündet. Aber sie sind nicht die *Ursache* des Feuers.

Heute kann ich sagen, dass es gebrannt hat, weil ich an allem zu nah dran war, mir fehlte der Abstand. Es tut zwar immer noch etwas weh, aber ich muss es eigentlich so ausdrücken: Meine Unverlorenheit war der Grund für den Zorn.
Ich will versuchen, das zu erklären: Mein Bruder hat in der Fremde Hunger gehabt, während ich zu Hause mein Auskommen hatte. Aber auch ich hatte Hunger: nach einem Fest mit meinen Freunden, nach Geschenken von meinem Vater, nach dem Besitz meines Erbteils. Ich war zu nah an dem, was der Vater mit mir teilte, als dass ich das hätte bemerken können. Ich wusste nicht, was mein Eigen war, weil es immer mit dem meines Vaters verbunden war – bis mein Zorn und seine Freude uns getrennt haben.

Als mein Bruder im Haus das Freudenfest feierte und ich draußen stand, konnte ich nicht mehr wie sonst nach der Feldarbeit hereingehen. Bis dahin gehörte ich ins Haus und mein Bruder nach draußen, jetzt hatte sich während meiner Abwesenheit alles umgekehrt: Der Verlorene war drinnen und der Unverlorene vor der Tür.

Ich hatte immer auf meinen Bruder herabgesehen, jetzt spürte ich Neid, einen furchtbarer Hunger, den ich wohl auch schon früher hatte, ohne ihn wahrhaben zu wollen. In meiner Ent-

rüstung über das zügellose Leben meines Bruders ist er mir schließlich bewusst geworden.
Die Worte meines Vaters habe ich damals überhaupt nicht begriffen, sonst hätte ich ja gleich an dem Abend verstehen können, dass das Fest keine Belohnung für das Verlorengehen war, sondern die Freude des Wiederfindens.

Denn mein Bruder war ja als ein Umgekehrter wieder zu uns gekommen. Nicht als einer, der verloren ist und verloren bleibt, sondern als einer, der sich in der Verlorenheit gefunden hat. Es versteht sich von selbst, dass ich mich nicht mehr als den besseren Bruder sehe. Ich muss eher aufpassen, dass ich mich nicht genauso ungerecht behandele wie früher meinen Bruder.

Das alles weiß ich erst, seit ich mich selbst mit meinem Zorn aus der Unverlorenheit herausgeworfen habe. Vielleicht muss ich noch nicht einmal in ein fremdes Land, denn mein Zuhause ist ja bereits die Fremde.
Es klingt merkwürdig, aber es ist so: Ich hatte mich in meine Unverlorenheit verloren und meine Wut hat mir den Weg zu mir selbst eröffnet, in das armselige kleine Haus, das ich selber bin. Hier versuche ich jetzt zu wohnen. Und je mehr es mir gelingt, mich von dem zu lösen, was das Haus meines Vaters ausgemacht hat, desto heimischer werde ich. Im Lösen gewinne ich Abstand und kann doch bleiben. Statt Hals über Kopf zu fliehen, wie ich es am Anfang vorhatte, werde ich mich lieber weiter von allem lösen, woran ich mich allzu sehr geklammert habe. Dazu gehört vor allem das Gefühl, dass Verlorengehen falsch und Unverlorenbleiben das einzig Richtige sei.
In mir verloren zu gehen bedeutet ja vielleicht auch, dass ich mich in mir wiederfinden kann.
Wenn es soweit ist, wird ein Freudenfest gefeiert – mit Brüdern und Vätern.

Das Wort des Hauptmanns

Der Hauptmann erwiderte: Herr, ich bin nicht wert,
dass du unter mein Dach trittst; aber sprich nur
ein Wort, so wird mein Knabe geheilt.
Evangelium nach Matthäus, Kapitel 8, Vers 8

Zur Zeit spreche ich nicht. Nicht, weil ich nicht kann oder darf, sondern weil ich nicht will. Mein erstes neues Wort spare ich für etwas Besonderes auf. Wer weiß, wann der Augenblick dafür reif sein wird. Ich habe bis jetzt noch nicht einmal mit dem Knaben gesprochen. Mit dem, der krank war und gesund geworden ist. Dabei war er mit seinem Leiden ja der Grund für meinen Aufbruch. Ich will mir einfach noch eine Weile Zeit geben, bevor ich wieder dorthin gehe, wo für mich vorher der Alltag war.

Überhaupt wird mir die Zeit jetzt seltsamerweise nicht mehr lang. Früher habe ich es kaum ausgehalten, wenn nicht alles unter Dampf stand. Das war, als ich noch Kommandierender war. Bei meinen Vorgesetzten hatte ich den Ruf, dass ich mit meiner Stimme die Soldaten in jeder Lage zu Höchstleistungen anspornen konnte. Meine Männer mochten mich, weil sie am Klang der Kommandostimme hörten, dass ich sie nicht schinden wollte. So war es nicht schwer, beim Befehlen und Ausführen mit dem Gang der Zeit durch die Stunden des Dienstes Schritt zu halten. Wir haben allemal unser Tagesziel erreicht, für unsere Abteilung immer wieder ein Grund zur Freude am Erfolg: Es ist doch ein herrliches Gefühl, wenn du deinen

Willen in Bewegung bringst. Wenn er da ankommt, wo er hingehört und wo du ihn hinhaben wolltest. Fast ein Rausch. Fuß oder Hand oder Werkzeug macht etwas in der Welt, was du oder dein Befehl bestimmt hat, und damit ist die Sache fertig und gut.

Daran hatte ich zurückdenken müssen, als mir klar wurde, woran der Junge litt. Und ich litt ja auch. »Sage ich zu meinem Knecht: tu das, dann tut er es.« Der, der mir gegenüber stand, der Herr, er musste doch eine gewaltige Stimme haben. Ein Wort aus seinem Mund hätte die Kraft, den Willen des Knechtes wieder zu erreichen. Ja, und meinen Willen.

Wenn dein Wort nicht mehr den Willen bewegen kann, dann bist du gelähmt und leidest Schmerzen. Ein furchtbarer Zustand. Er ist kaum beschreibbar, denn es ist ja ein Nichts, das dich gefangen hält. Nichts hält dich davon ab, aufzuspringen und zu tun, was dir jemand befiehlt, selbst wenn du dein eigener Kommandant bist. Aber dieses Nichts ist stärker als du. Ohne den Knecht, der mir inzwischen zum Sohn geworden ist, hätte ich das nie verstanden. Und ich hätte nicht gemerkt, dass auch ich ein Gelähmter bin und darum Schmerzen leide, obwohl ich noch aus dem Haus gehen und dem Herrn gegenübertreten kann. Du bist voll von ungesprochenen Worten, von Bildern dessen, was getan werden kann und getan werden muss, aber du hast keine Kraft mehr, sie zu äußern. Du möchtest vielleicht sogar um dich schlagen, um wenigstens zu zerstören, wenn du schon nichts Sinnvolles mehr tun kannst. Aber auch das geht nicht mehr. Nach und nach versinkst du in dem Loch, das deine Seele immer mehr ausfüllt. Alles und auch dich fühlst du mit jedem Tag weniger, und zuletzt kennst du nur noch den Hass. Hass auf Gott und die Welt. Vor allem aber auf dich selber. Wenn dich der Schmerz über die Lähmung nicht weckt, sondern zur Quelle deines Hassens wird, dann wirkt er tödlich. Auf diese Weise stirbst du einen grauen und schleichenden Tod, den Untergang ohne Hoffnung darauf, verwandelt zu werden. Du hörst einfach auf zu sein, ohne dass es bemerkbar wird. Nichts als die Hülle um das große Loch, das aus dir geworden ist, bleibt bestehen.

Als ein solcher Sterbender kam ich dem Herrn entgegen. Einzig mein Lähmungsschmerz zeugte noch vom Leben meiner Seele. So konnte ich meinen letzten Wunsch sagen: »Sprich nur ein Wort!«. Alles würde wieder gesund werden durch sein Wort, das war die letzte Hoffnung, an der ich festhielt. Ich wollte dieses Wort mit aller Kraft aufnehmen, ich wollte es so genau und so gut hören, dass es durch mich und den Jungen hindurchtönen und uns aufrichten sollte mit der Stärke seiner Macht.

Und dann hat er dieses Wort nicht gesprochen.

Während er sich umwandte und mit seinen Jüngern redete, wartete ich noch immer verzweifelt, wann er sich mir erneut zuwenden und seine Stimme erheben würde. Als er mir dann endlich in die Augen sah, traf es mich völlig unerwartet. Und als er ganz zart sein »Geh hin« sprach, und sein »dir geschehe, wie du geglaubt hast«, da war es schon nicht mehr zu überhören: Das Wort, das er nicht gesprochen hat, sondern das er selber ist.

Das Wort, das nicht gesprochen werden muss, weil es dir mitten im Herzen klingt.

Des Todes Kind

Er fasst die Hand des Kindes und spricht zu ihm: Talitha kum –
das heißt übersetzt: Mädchen, ich sage dir: Steh auf!
Evangelium nach Markus, Kapitel 5, Vers 41

Inzwischen bin ich natürlich kein Mädchen mehr. Und trotzdem bleibe ich ein Kind, weil der Tod, den ich als Zwölfjährige durchlebt habe, der Angelpunkt meines Lebens geworden ist. Von ihm geht alles aus und zu ihm kehrt alles zurück, was ich bin.

Der Tod ist ein Jemand. Als ich im Sterben lag, hat er mich bei der Hand genommen. Nicht gewaltsam, wie man denken könnte, sondern zärtlich und liebevoll. Als wollte er mich aus der Enge des Sterbens sanft herauslösen in eine nie gekannte Weite. Unsere Schritte waren der Beginn eines wunderschönen Tanzes, nur dass ich damals die Musik noch nicht hören konnte, die uns dazu aufspielte.
Ich blickte zurück, unter mich, und sah die Menschen, wie sie im Haus meines Vaters lärmten. Ihre seltsamen Weisen waren mir schon fremd geworden, obwohl es ja eben erst auch meine Musik gewesen war. Fast musste ich lachen, weil sie so komisch waren in ihrem Schreien und Weinen. Und ich sah mich, oder besser: meinen Körper, wie er reglos auf dem Bett lag.

Im nächsten Moment waren wir schon weit weg, in einer Welt, für die ich bis heute kaum Worte finde. Dort gibt es nicht Kind und Erwachsener, nicht Gestern und Heute, nicht Innen und

Außen – sondern alles gleichzeitig. Du bist dort in einem vielstimmigen Klang, von dem in unserer Welt nur einzelne Töne zu haben sind. Und das Unerwartete: Du findest dich in allen Tönen wieder. So waren alle Bilder meines damaligen Lebens darin, gleichzeitig, klar und deutlich, um mich und in mir. Noch einmal konnte ich alles Schöne und Schaurige durchmachen. Von den anderen Dingen dort möchte ich auch heute noch nicht sprechen. Ihr müsst sie selbst erleben.

Als wir zurückkehrten, meinte ich, dass neben dem Tod und mir noch ein Anderer war, aber ich konnte ihn noch nicht erkennen.

Wenn ich sage ›zurückkehren‹, dann stimmt das nicht ganz. Die andere Welt, aus der wir gerade kamen, ist der einzige Ort, an den man wirklich zurückkommen kann. Außerdem kamen wir nicht in das Haus meines Vaters, sondern wir befanden uns auf einer Straße in meiner Vaterstadt.

Dort war eine Menschenmenge, in der Mitte stand ein Einzelner – und ihm gegenüber eine Frau, die zitterte. Als ich auf sie herabkam, fühlte ich mich zu der noch immer bebenden Frau hingezogen. Ich spürte genau, was sie gerade durchmachte. All das kannte ich. Wie sie sich ängstigte, wie sie vor dem Blick dessen, der sie ansah, schier verging, wie ihr die Not ihres Sterbens das Wort abschnüren wollte. Es war ein ganz anderes Sterben als bei mir, und doch fühlte ich mich ihr verwandt. Und in ihr bemerkte ich eine Kraft, die das alles und noch viel mehr überwinden könnte. Nun wusste ich: Ich liebte sie. Ich wollte mit ihr eins sein. Als sie zu ihm hinkam, kam ich mit, als sie vor ihm niederfiel, war auch ich auf den Knien, und als sie zu sprechen begann, sprach jedes Wort von der ganzen Wahrheit aus mir. Am Ende blickten wir zu ihm auf, er stand uns noch immer gegenüber. Seine Augen schauten mich an und er sprach: »Meine Tochter …«

Der Blick und dieses eine Wort aus seinem Mund waren genug. Eine starke Sehnsucht war aufgewacht, dorthin zurückzukeh-

ren, wo es für mich nicht mehr weitergegangen war: In das Haus meines Vaters, in jenen kleinen Leib des Mädchens, das dort noch immer auf dem Bett liegen musste. Der Tod war noch bei mir. Ich reichte ihm meine Hand und er brachte mich zurück in die kleine Kammer und ließ mich allein.
Nun kamen die bittersten Augenblicke. Ich fühlte mich so verloren in diesem Raum zwischen Leben und Tod. Hier konnte man niemandem angehören. Weder konnte ich in meinem Leib leben, noch führte mich die lieb gewordene Hand des Todes in die andere Welt, deren Zauber ich kennen gelernt hatte. Ich war von allem abgetrennt, obwohl Haus und Kammer immer noch voller Menschen waren. Erst langsam gingen die Leute hinaus und es wurde still.
Dann kam er herein und nahm meine Hand, wie zuvor der Tod. Als er das »Talitha kum« zu mir gesprochen und mich damit in meinen Leib zurückgerufen hatte, begann ich, auch für ihn zu erwachen. Er war mehr als der Tod.
Beim Aufstehen wurde mir klar, dass ich alles vorher, mein Sterben, die Reise mit dem Tod und die Begegnung auf der Straße nicht im Stehen erlebt hatte. Auf der Erde zu stehen und den Kopf zum Himmel zu erheben, das hatte ich vermisst. Ich begann, umherzugehen. Schritt für Schritt habe ich begriffen, wer der ist, der mich auferweckte. Alles war neu. Zuerst die Frau auf der Straße und dann der, der zu mir gekommen ist wie der lebendige Tod – sie sind mir vertrauter als Mutter und Vater.

Ich weiß nun: Er führt vom Leben in den Tod und vom Tod ins Leben. Neben dem Tod hatte ich ihn schon geahnt, und sein Blick und das »Meine Tochter« hatten begonnen, mich in ein neues Leben hereinzurufen. Mit ihm kann ich von nun an hinüber- und herübergehen, von einer Welt in die andere.
Ich bin nicht mehr nur ein Kind des Todes, sondern auch eine Tochter der Auferweckung.

Der gute und der schlechte Teil

Martha, Martha, um vieles machst du dir Sorge
und Unruhe; wenig ist nötig oder nur eines.
Evangelium nach Lukas, Kapitel 10, Vers 41

Ich bin die Schwester der berühmten Maria. Der Maria, die den guten Teil erwählt hat, indem sie zu Füßen des Herrn seinem Wort zuhörte und die Bewirtung der Gäste mir überließ. Als viel zitierte biblische Haushälterin bin ich dann doch noch zu meinem eigenen, eher zweifelhaften Ruhm gelangt. Wenn man sich überhaupt an mich erinnert, dann als Frau fürs Grobe, als minderwertige Hilfskraft, die nicht begriffen hat, worauf es ankommt. Meine Sache, so denken die Leute meist, seien die geringen irdischen Dinge, die zwar nötig, aber eigentlich doch recht unbedeutend sind. Danach bemessen sie dann wohl auch meinen Teil.

Ich sehe das anders, auch wenn das vielleicht nicht so gern gehört wird. Dass ich heute mein langes Schweigen breche und meinen Mund aufmache, um zu erklären, was es mit mir und meinem Teil auf sich hat, habe ich dem Zuspruch vieler Hausfrauen zu verdanken. Trotzig und traurig, manchmal wütend, meist jedoch mit warmem Herzen, haben sich über die Jahrhunderte der christlichen Geschichte ungezählte Frauen mit mir zusammengetan und mir gezeigt, dass ich mit meinem Kummer nicht allein bin.

Auch ein Kamel braucht mal 'ne Pause
Johanni 03

Welcher Kummer? Damals konnte ich mit niemandem darüber reden, warum ich nur noch weinend die Krüge und Schalen getragen habe, denn es war ein Wort des Herrn, das mich so tief getroffen hatte. Ich hatte ihn gefragt, ob er Maria sagen könne, dass sie mir bei der Bewirtung zur Hand gehen solle. Darauf hat er von dem guten Teil gesprochen, den Maria erwählt hatte, der ihr nicht wieder genommen werden dürfe. Wie sollte ich ihn anders verstehen, als dass ich deswegen den schlechten Teil erwischt hätte, dass es gute Menschen gibt, die sich den geistigen Dingen zuwenden, und schlechte, die gerade noch gut genug sind, Mägde oder Sklaven für die anderen zu sein? Mein Kummer war so groß, dass ich bis ans Ende meines Lebens nicht darüber sprechen wollte. Ich habe mich sehr geschämt, weil ich nicht vertrauen konnte, dass der Herr etwas Gutes und Richtiges getan hatte.

Um es gleich vorweg zu nehmen: Inzwischen habe ich meinen Frieden mit diesem harten Wort gemacht. Nicht den billigen Frieden, der sich eine Sache so lange zurechtbiegt, bis sie passt, sondern den teuren Frieden, der nur durch das Leid kommt.

Zuerst waren da ganz andere Gefühle: Stürze und Erhebungen, Aufruhr und Niedergeschlagenheit. Ich saß zwischen gutem und schlechtem Teil gefangen. In meinem Zorn auf jedwede hochnäsige Geistesschwester hätte ich manchmal allem Höheren abschwören können. Da nimmt man die Arbeit auf sich, die niemandem Spaß bringt, und wird dafür auch noch schlecht gemacht. Mit ein paar besonders Vertrauten wollte ich eine Hausfrauengewerkschaft gründen, mit einigen anderen sogar eine Revolution der unterdrückten Werktätigen vom Zaun brechen. Dann wieder tat ich mir selber entsetzlich Leid oder wollte mich durch übertriebene Unterwürfigkeit erniedrigen. Einmal war ich stolz, mit meiner Hauswirtschaft das Wichtigste auf der

Welt zu tun, im nächsten Augenblick fühlte ich mich wertloser als der Dreck, um den ich mich kümmerte.

Meine Anklage richtete ich dabei gegen die anderen, gegen alle die Marias, die es scheinbar besser hatten als ich, die mit dem guten Teil gesegnet waren. Das gab mir zunächst ein Gefühl der Erleichterung in meinem Gefühl der Nichtswürdigkeit. Später begann ich, auch mich selbst anzuklagen. Am Schlimmsten ging es mir, als ich bemerken musste, dass ich meinen scheinbar niedrigen Wert auszunutzen begann, um Macht zu bekommen. Meine Arbeit für andere war nicht einfach getan, sondern ich wollte mir mit ihr etwas erkaufen. Ich mochte gar nicht mehr vom Dienen lassen, weil es mir die anderen verpflichtete. Mit meinem Leid konnte ich die anderen zwingen. Als niedrige Dienerin war ich unentbehrlich und konnte den anderen ein schlechtes Gewissen verschaffen. Ich lernte also, die Macht der Ohnmächtigen im Kampf aller gegen alle einzusetzen.

Auf diesem Wege kam ich mir langsam selber auf die Spur. War ich nicht die Erste gewesen, die unterschiedliches Maß an die beiden Schwestern und ihre Teile gelegt hatte? Maria, so hatte ich gemeint, entzieht sich der Arbeit und lässt es sich zu Füßen des Herrn gut gehen. Ist nicht das Bewirten eine dem Zuhören ebenbürtige Tätigkeit? War vielleicht ich mit mir und der von mir empfundenen Verpflichtung zur Bewirtung unglücklich und wollte nicht, dass es Maria besser gehe als mir? Und hatte ich wirklich zugehört, was der Herr mir gesagt hat?
Maria, so verstehe ich es heute, hat sich für das Eine in ihrer Tätigkeit entschieden, während ich noch im Zwiespalt war. Hätte ich mich auf das Eine in der Hausarbeit eingelassen, dann hätte auch ich den guten Teil erwählt. Ich hätte nicht unglücklich werden müssen.

Nicht die Arbeit in ihrer Verschiedenheit ist gut oder schlecht, sondern die Art, mit der wir sie erwählt haben oder noch mit ihr im Widerspruch leben.

Und in welcher Arbeit ist man dem Herrn näher? Gibt es nicht doch die höhere geistige Arbeit neben der geringeren irdischen? Darf man nicht als Maria zu Füßen des Herrn liegen, muss aber als Martha immer wieder den Raum verlassen, in dem er und sein Wort anwesend sind?
Damals war es so: Der Herr hat weder mich noch meine Arbeit getadelt, wohl aber meinen Versuch, Maria von ihrer Erwählung abzuhalten. Und er hat mir zeigen wollen, dass die Arbeit mit den irdischen Dingen gefährlich ist. Es passiert dabei nämlich eher, dass wir uns von dem Einen abbringen lassen und in Sorge und Unruhe um das Viele kreisen.

Oder anders gesagt: Jede Arbeit kann durch die Erwählung, mit der wir uns ihr verbinden, geheiligt werden. Und trotzdem gibt es den Tag des Herrn, an dem wir eine Stunde lang nichts Besseres tun können, als zu seinen Füßen zu sitzen und seinem Wort zuzuhören.

Stabat Mater und Pietà

Es waren aber dort Maria von Magdala und die andere Maria zugegen, sie saßen dem Grabe gegenüber.
Evangelium nach Matthäus, Kapitel 27, Vers 61

Wie lange ich hier schon sitze? Seit das Stehen unter dem Kreuz überstanden ist. Hier, gegenüber von seinem Grab, möchte ich nun sitzen bleiben bis in alle Ewigkeit.

Jede einzelne Stunde in dieser Woche, vom Palmsonntag an, war hingeordnet auf den Augenblick der Vollendung. Aber seit sie ihn vom Kreuz abgenommen haben, hält die Zeit den Atem an. Ich habe das zuerst bemerkt, als sie ihn mir in den Schoß legten. Da war mit einem Mal eine unendliche Ruhe. Und das, obwohl um mich her die größte Unruhe war, die man sich denken kann. Nicht nur die Eile der Menschen, die vor Anbruch des großen Festtages alles gerichtet haben wollten – das Beben der Erde selbst ließ alles auseinander bersten, was bis dahin wohlgefügt bestanden hatte.

Die Ruhe, die mich aus dieser Erschütterung um mich herum heraushob, kam nicht von mir, sondern sie ging von seinem Leib aus, dessen Leichte mir Halt gab. Wie soll ich sie beschreiben? Es ist nicht die beglückende Ruhe am Ende aller Betriebsamkeit, der Abglanz des siebenten Schöpfungstages, den wir mit jedem Sabbat suchen. Aber auch nicht die beklemmende Stille vor dem Ausbruch der Zerstörung, wie sie am stärksten in der Nacht in Gethsemane zu spüren war. Diese Ruhe ist nicht davor und nicht danach, sondern mitten darinnen. Du lebst und atmest in ihr, oder besser gesagt: sie tut es in dir.

Ganz anders das Stehen, das vorangegangen war. Es war, als bewege sich etwas durch dich hindurch. Dass du an einer Stelle bleibst, ist nur der äußere Schein, eigentlich machst du im Stehen Schritte vom ersten Anfang der Welt bis zum »Es ist vollbracht«. Von Stufe zu Stufe wirst du immer mehr aufgerichtet und aus dieser Bewegung erhältst du auch die Kraft, unter dem Kreuz standhaft zu bleiben.

Als er bei mir auf dem Schoß lag, brauchte ich eine Weile, um mich auf das Aussetzen der Zeit und den noch ungewohnten Atem der Ruhe einzulassen. Ich trug seinen Leib und war doch von ihm getragen. Ich beugte mich über ihn. Ich war berührt von dem Leichnam, aus dem er ausgehaucht war, und spürte das Zarte dieser Hülle. Ich sah seinen Leib an, der nun plötzlich so nah bei mir war, sah seine Wundmale.

Nachdem ich eine kleine Unendlichkeit lang nichts getan hatte, außer ihn still auf mir ruhen zu fühlen und ihn anzusehen, stiegen aus den Wunden Bilder auf. Darunter kam mir als Erstes der Gekreuzigte entgegen und sein Wort zu mir und zu Johannes, die wir unter dem Kreuz standen. Er hat uns in eine neue Ordnung eingefügt. Mein Muttersein zu Johannes und seine Sohnschaft zu mir sind durch ihn begründet, der über unseren Häuptern als des Menschen Sohn dem Sieg über den Tod entgegengeht.

Schon länger hatte ich mich nicht mehr als seine Mutter empfunden. Nun begann ich zu ahnen, worauf es damit hinausgehen sollte: Dass ich immer wieder und wieder und in Ewigkeit

Mutter sein kann in meinem Herzen. Dann, oder sollte ich sagen: im gleichen Augenblick, war ich auf der Hochzeit zu Kana. Noch einmal hörte ich sein »Meine Stunde ist noch nicht gekommen«. Wann kommt sie denn? War sie jetzt gekommen, oder als sie ihn gefangen nahmen, oder als er sein Haupt neigte und verschied? Das Neue, das ich gerade über die Zeit erfuhr, machte mir Mut, auf diese Fragen keine Antwort zu suchen.

Seine Stunde hat viele Gesichter, und immer hat sich eines noch nicht gezeigt. Als der Kommende trägt er seine Stunde, die noch nicht gekommen ist, durch die Zeit. Endlich kam mein Blick in den aufsteigenden Bildern selbst zur Ruhe und ich sah ihn auf meinem Schoß, als neu geborenes Kind und als Leichnam zugleich. Als wäre Geburt nicht etwas zwischen Mutter und Kind an bestimmtem Ort und zu abgemessener Stunde, sondern als könne jedes Wesen zu allen Zeiten Geburt und Mutterschaft ineinander erfahren – sogar im Tod. All dies war nur ein einziges, großes Bild, als würden die ungezählten Bilder von ihm und von mir in diesem einen enthalten sein.

Es führte mich zurück, aus der zarten Reise in die Ewigkeit zu dem Ort, an dem ich saß, dem Grabe gegenüber.
Wo ich seither sitzen möchte, er auf meinem Schoß ruhend und aus ihm hervorgehend. Auf mir lastend und mich zugleich erhebend.

Noli me tangere

Jesus spricht zu ihr: Maria! Da wendet sie sich um und spricht zu ihm auf Hebräisch: Rabbuni! (das heißt: mein Herr und Meister)
Evangelium nach Johannes, Kapitel 20, Vers 16

Ich war immer ein sehr offener Mensch. Die anderen konnten sich darauf verlassen, dass ich genau spürte, was sie brauchten. Leider haben sie nicht auch darauf geachtet, was für mich gut gewesen wäre. Je mehr ich damit beschäftigt war, alle um mich herum glücklich zu machen, desto schlechter ging es mir selbst. Darum lebte ich dann immer mehr aushäusig, um die Öde in mir nicht fühlen zu müssen. Ich war beliebt. Bei mir könne man sich wie zu Hause fühlen, haben sie alle gesagt. All die falschen Freunde, hinter deren Maske ein Räubergesicht grinste.
Meine Seele war ein Schlaraffenland für Schmarotzer. Offen eben, leicht zugänglich – und niemand hat die vielen Beutezüge bemerkt. Man nennt das bei uns Besessenheit. Erst wirst du ausgeraubt, dann lassen sie ihren Unrat in dir zurück und schließlich wirst du als krank verschrieen, weil du nicht mehr du selbst sein kannst, sondern ein Spielball fremder Ungeister geworden bist.

Aber ich wurde geheilt.
Von einem, der die unreinen Geister vertrieb, ohne dass er seinen Geist in mich einpflanzte. Er hat mein »Noli me tangere – Berühre mich nicht!« gehört, ohne dass ich es gesprochen

habe. Ich konnte ihm nahe sein, ohne dass ich gezwungen war, mich zu verlassen.
Ich habe inzwischen gelernt, das »Nicht« auch laut zu sprechen. Habe mich selbst nach und nach mit der bevölkert, die ich sein will. Trotzdem gab es Rückschläge. In solchen Zeiten kam ich mir vor wie eine verlorene Seele, wie ein namenloses Haus, in das wieder irgendjemand einziehen und mich fremdbestimmen kann. Dann ging ich erneut zu dem hin, der mich gesund gemacht hat. In seiner Gegenwart, im Widerklang seines Wesens, kam ich zu mir. Gern hätte ich ihn immer in meiner Nähe gehabt.
Doch er sollte gehen. Hinauf nach Jerusalem. Auf den Grabhügel Golgatha. Wir alle mussten Abschied nehmen. Wir haben ihn gesalbt und er wurde in die Grabkammer gelegt – ein Felsenleib um seinen Leib.

Als das Grab geschlossen war
verging mir meine Seele
dass ich weinen musste

Und wieder hingehen am dritten Tage
den Blick zu legen
auf den Stein am Grab

Doch der war weggenommen –
ich kehre um
und weinend beug ich mich
hinein ins Grab
sehe Engel zu Haupt und Füßen
dessen, der nun nicht mehr dort

Ich wende mich erneut und seh' den Gärtner
will den holen, den er weggetragen –

»Maria!«, trifft es mich von außen wie von innen
Stimm und Name rührt mich an
wendet zum dritten Mal
und vollends nun mich um
»Rabbuni!«

Weggehoben ist der Stein
der mir bis jetzt das Herz versiegelt
Hier mag er wohnen, dessen Stimme
und mein wahrer Name
eines sind

Aufschrei aus dem Hakeldamach

Er kaufte ein Stück Land von dem Lohn seiner Untat;
dort ist er kopfüber hingestürzt, sein Leib zerbarst,
und alle seine Eingeweide quollen heraus.
Apostelgeschichte, Kapitel 1, Vers 18

Mein Leib ist zerbrochen wie ein irdenes Gefäß aus der Werkstatt des Töpfers. Es war unmöglich, das zu tragen, was ich als Judas auf mich geladen hatte. Die Stücke sind seither zerstreut. Keine einzige Scherbe von mir kann Ruhe finden. Sie sind in den Blutacker ausgesät. Hakeldamach.
Mir bleibt nichts, als von einem Bruchstück zum anderen zu irren. Unfähig, auch nur zwei von ihnen zusammenzufügen.

Ich war einer von den Zwölfen. Wir alle waren eins mit ihm. Jetzt bin ich nicht mehr eins, weder mit ihm noch mit mir. Ich bin der Zerbrechende und der Herausgebrochene. Ich habe keinen Anteil an dem, was nach dem Zerbrechen möglich ist. Maria hat in Bethanien das Alabastergefäß zerbrochen. Aber dann kam der Duft des Öls. Ich war das Gefäß, das zerbricht. Maria konnte Öl sein und ihn salben.

Kopfüber wollte ich das Beste für alle. Für den Messias und für uns. Seltsames Stück Mensch, du Kopf. Taugst nur zum Zerbrechen, wenn du allein vorangehst. Machst Mund, Hand und Füße zu deinen Knechten und vergisst das Herz.
Beim Kuss in Gethsemane lag ich das letzte Mal in seinem Arm.

Statt meines Herzens trug ich die Scherbe des Verrats in mir. Der, den er liebte, hatte an seiner Brust gelegen, und sein Mund konnte fragen: »Herr, wer ist es?«
Ohne Verbindung zu einer lebendigen Brust bist du eine furchtbare Waffe, Mund. Fühlst keinen Unterschied zwischen Kuss und Verrat.
Mit meiner Hand tauchte ich den Bissen beim Abschiedsmahl in dieselbe Schüssel wie alle und er. Dann hörte ich das »Was du tun willst, das tue gleich!«. Meine Füße gingen in die Einsamkeit, ins Dunkel der Nacht. Gab es keinen anderen Weg, als durch Judas zu Verrat und Tod zu kommen? Und zu dem, was danach kommt?
Hand und Füße, auch euch habe ich verloren und zu Werkzeugen des Zerbrechens werden lassen. Ohne Menschenmitte seid ihr zerstreut.

Nachher habe ich die dreißig Silberlinge in den Tempel geworfen. Der Geldkranz ist zerbrochen und die Münzen verliefen sich im Tempel. Es gibt keinen Rückweg, keine Umkehr, kein Verzeihen. Jedes der Geldstücke bleibt ein Bleigewicht meiner Schuld. Von diesen Silberlingen haben sie den Töpferacker gekauft, den Blutacker Hakeldamach. Zeichen meiner Zerstörung. Kein Tempel mehr in Jerusalem und kein Anteil an dem neuen Tempel, den er auferbauen wollte nach den Drei Tagen.

Zum Schluss habe ich meinen Leib aufgehängt. Ein letzter verzweifelter Versuch, alles zusammenzuhalten und nicht kopfüber ins Bodenlose zu fallen. Hoffnungslos. Dann der notwendige Sturz, das Zerbrechen. Und mein Inneres quoll heraus. Unmöglich, anders weiterzuleben. Unmöglich seither, den Tod zu vollenden. Und was danach kommt.
Ich für mich finde keinen Ausweg. Die Scherben meines Leibes

und mein verfluchtes Blut stecken im Fremdenacker fest. Ich kann ihnen kein Begräbnis machen. Und was danach kommt.

Wer hilft?

Der das Scherbenfeld Leib und den Acker des Blutes hineinnehmen kann in seine Weltverwandlung. Der Leib und Blut geopfert hat an der Schädelstätte. Der die Münder und Herzen anrührt mit seinem Lebensatem. Der Hand und Füße segnet. Das Empfangene auszuspenden.

Ich bitte euch, die ihr in Leib und Blut von ihm durchdrungen seid: Kommt her zu meiner Zerbrochenheit im Hakeldamach. Nehmt mein Haupt, meinen Mund, Hände und Füße. Und bringt sie zueinander, zu euch, durch euch hindurch. Geht für mich und mit mir und in euch den Weg vom Leben zum Tod und vom Tod zum Leben. Er in euch. Im Blut eures Herzens und im Atem eurer Brust.
Damit auch für mich Grab sein kann und Vollendung des Todes. Und was danach kommt: Auferstehung.

Simon Petrus – Fels und Wasser

Mit diesem Worte deutete er darauf hin, durch welche Todesart
er Gott offenbaren werde. Und nach diesem Wort
spricht er zu ihm: Folge mir nach!
Evangelium nach Johannes, Kapitel 21, Vers 19

Manchmal bin ich es gründlich leid, immer wieder dahin gebracht zu werden, wohin ich nicht will. Ich wünsche mir dann in meiner Trauer, dass die schönen und großartigen Augenblicke, die ich erleben darf, nicht dauernd durch meine unwürdigen Ausrutscher wieder zunichte gemacht werden. Ich nehme mir fest vor, mit aller Kraft an dem festzuhalten, was gut und edel ist. Und dann passiert es sofort wieder: Gerade weil ich versuche, wie ein Fels in der Brandung zu stehen, zerfließt mir alles, was ich festhalten will.

Als mir der, den Jesus liebte, an jenem Morgen den Herrn erkennen half, der am Ufer stand, da gürtete ich mich, bevor ich mich ins Wasser warf. Ich fühlte mich dadurch vorbereitet, seiner Gegenwart gerecht zu werden. Wenig später sah ich mich wieder in Tränen zerfließen. »Wenn du aber alt sein wirst, wirst du deine Hände ausstrecken, und ein anderer wird dich gürten und dahin bringen, wohin du nicht willst.« Dieses Wort des Herrn hätte mich trösten können, aber in dem Augenblick damals merkte ich nur, wie oft ich bereits alt geworden war, auch schon als junger Mann, und wie schwer ich mich damit tat.

Er selber hatte mich gerade wieder an den Ort meiner Ohnmacht geführt, durch sein dreimaliges Fragen nach meiner Liebe. Dreimal hatte ich ihn verleugnet in jener dunkelsten Nacht, vor dem Hahnenschrei. Und dreimal versuchte ich nun, ihm meine Liebe zu beteuern und war über sein Fragen traurig bis an den Meeresgrund.

Alle anderen dunklen Zeiten meines Lebens schlossen sich mit dieser Trauer wie ein Ozean über meinem Haupt zusammen. Immer, wenn ich mehr als die anderen Jünger zu ihm stehen will, tut sich unter mir der Boden auf: Als er vor seinem Hingang davon sprach, dass wir ihn alle verlassen würden, als er uns vor Cäsarea Philippi fragte, für wen wir ihn hielten, beim Wandeln auf dem Meer und auf dem Berg der Verklärung, immer wenn er uns nach unserer Liebe, nach Glaube und Hoffnung gefragt hatte, war meine Antwort schnell und begeistert – und ebenso schnell, aber unendlich traurig, war der Sturz ins Bodenlose, der darauf folgte.
Wenn ich in dieser Trauer wie ein Fisch im Meer schwimme, dann bin ich abgeschnitten von jedem Windhauch der Freude, der doch genauso stark und wirklich in meinem Leben als alt werdender Jünger geweht hat. Selbst meine größte und schier unfassliche Freude ist mir dann nicht mehr fühlbar: Dass ich in der Todesnacht nicht ausgelöscht wurde, und er am Morgen aller Morgende auch mich, den Verleugner, zu seinen Jüngern gezählt hat und ich mit den anderen Jüngern bei ihm sein durfte durch die vierzig Tage der Ostern.
Mein Ringen zwischen Fels und Wasser änderte sich, als ich endlich fragen konnte: Wurde ich in dieses Glück nicht genauso heraufgehoben, wie ich ins Wasser meiner Traurigkeit hinuntergefallen war? War die Freudenluft für den traurigen Fisch nicht genauso Tod bringend wie das Trauermeer für den freudigen Vogel? Wenn ich abstürze, so spürte ich, stirbt der Vogel

meiner Freude und ich muss traurig und zum Fisch werden. Werde ich aus dem Wasser gezogen, feiert meine Freude Auferstehung.
Mit meinem innersten Wesen werde ich immer wieder in ein anderes Todeselement versetzt, um darin neues Leben zu finden.

Als ich so weit war, habe ich verstanden, dass weder der Fels meiner guten Absichten schon ausreicht, um mit dem Herrn verbunden zu bleiben, noch das Wasser, durch das ich zu ihm geschwommen bin, als er am Ufer stand. Will ich das Leben im Tod erfahren, dann muss ich auch etwas dazu tun, wie Fisch oder Vogel zwischen Meer und Strand, in Freuden und Leiden. Ich will mich also immer wieder dahin bringen lassen, wohin ich nicht will, in die Luft, ins Wasser oder an Land. Und dann versuche ich zu schwimmen und zu fliegen oder am Ufer zu stehen.
Hatte er mich nicht »Sohn des Jona« genannt am Morgen der drei Fragen nach der Gottesliebe, am Morgen meiner großen Traurigkeit? Jona war einst drei Tage und drei Nächte im Bauch des Fisches gewesen und hatte sein Gebet geübt. Als ihn der Fisch dort ausgespien hat, wohin er nicht wollte, an den Strand von Ninive, ist auch er alt und ein Jünger geworden. Er war im Fisch gestorben und dennoch erfüllt von neuem Leben.

Als einer, der im Fisch gewesen ist, als Sohn des Jona, soll auch ich unter die Menschen gesandt sein. So hat der Herr mich zum Menschenfischer machen wollen. Meine Trauer ist dabei das Wasser, in dem ich schwimmen lernen kann, um mit denen, die ich zu ihm weisen will, am Ufer aus dem Meer herausgehoben zu werden, an dem er steht und das Frühmahl bereitet hat – und uns die dreifache Frage stellt.

Noch einmal

Leichter ist es, dass ein Kamel durch ein Nadelöhr hindurchgeht,
als dass ein Reicher in das Reich Gottes eingeht.
Evangelium nach Lukas, Kapitel 18, Vers 25

Ich bin es noch einmal. Das Kamel vom Anfang. Ich möchte unbedingt noch etwas loswerden. Bei mir ist nämlich die Frage aufgetaucht, wie oft man durch das Nadelöhr durchgehen kann oder muss.

Zuerst hatte ich natürlich gemeint, man käme da überhaupt nicht durch. Und das ist bei jedem neuen Öhr wieder so. Nach dem ersten Mal war ich dann der festen Überzeugung, dass ich das nie mehr nötig haben würde. Ich hatte ja die ganze Not hinter mir – und vor mir alle Welt. Es war so schön, nach dem Schauer des Nichts ein Verwandelter zu sein. Am liebsten wollte ich von da an immer alles sein dürfen – nur kein Kamel mehr. Es kam, wie es kommen musste: Irgendwann war ich doch wieder das alte Kamel, das ich eigentlich gar nicht mehr sein mochte. Ich habe viele Durchgänge durchs Nadelöhr gebraucht, bis ich mich mit dieser unfreiwilligen Rückkehr anfreunden konnte. Wieder drin in meinem Kamelkörper, erschien mir jede Rückkehr wie der Abstieg in ein dunkles Loch. Da lag ich dann wieder und wartete, bis ich mich erneut regen konnte. Natürlich bist du nach jeder Rückkunft ein Anderer, aber es ist doch eine herbe Ernüchterung, wieder in der alten Haut zu stecken. Später freute ich mich auf meinen nächsten Durchgang wie auf die Ferien. Aber ich sah nur auf das Ziel, auf das, was wohl diesmal hinter dem Öhr auf mich wartete. Das Durchgehen war immer noch die große Angst, und sonst nichts.

Mit der Zeit bekam ich mehr Mut, langsamer hindurchzugehen. Und mit jedem Mal wurde mir der Unraum im Öhr erträglicher. Nicht, dass man sich da gemütlich einrichten könnte. Dazu ist es nun wirklich viel zu eng. Du bist darin ja auch in ständiger Bewegung. Ich habe inzwischen übrigens herausgefunden, dass ich mich auf zwei verschiedene Arten durch das Nadelöhr bewege: Ich komme herein und ich gehe hinaus. Und das zu gleicher Zeit. Als Anfänger mochte ich eigentlich nur das Hinausgehen. Immer weniger zu werden, bis du hindurchpasst, bis du selbst nicht mehr bist als der Durchlass des Öhrs – das lässt dir doch das Herz bange werden.
Aber, wenn du nur auf die eine Art durchkommen wolltest, wäre das, als wenn du einen deiner beiden Höcker vernachlässigtest. Je nachdem, ob du gerade als Hereinkommer oder Hinausgeher unterwegs bist, verändert sich der Raum des Öhrs. Nichts und nichts ist nicht gleich. Einmal kommt es nach dem Ende, das andere Mal vor dem Anfang. Und du kannst beides lieb gewinnen. Du brauchst nicht an dem festhalten, was war und du musst nicht zu dem fliehen, was noch nicht ist. Dann ist das Nichts im Nadelöhr selbst das Ziel des Weges.

Ich habe einen Vorschlag: Lass uns das doch gleich mal zusammen ausprobieren. Was hältst du davon? Mach dafür bitte deine Augen zu. Du musst das nicht, aber ich mache beim Hereinkommen eigentlich immer die Augen zu. So, jetzt gehen wir langsam, aber zielsicher auf das Nadelöhr zu. Augen zu, und …

Ich weiß jetzt nicht, wer und wo du warst. Schließlich mussten wir uns ja kurz vor dem Öhr trennen. Falls du immer noch – oder

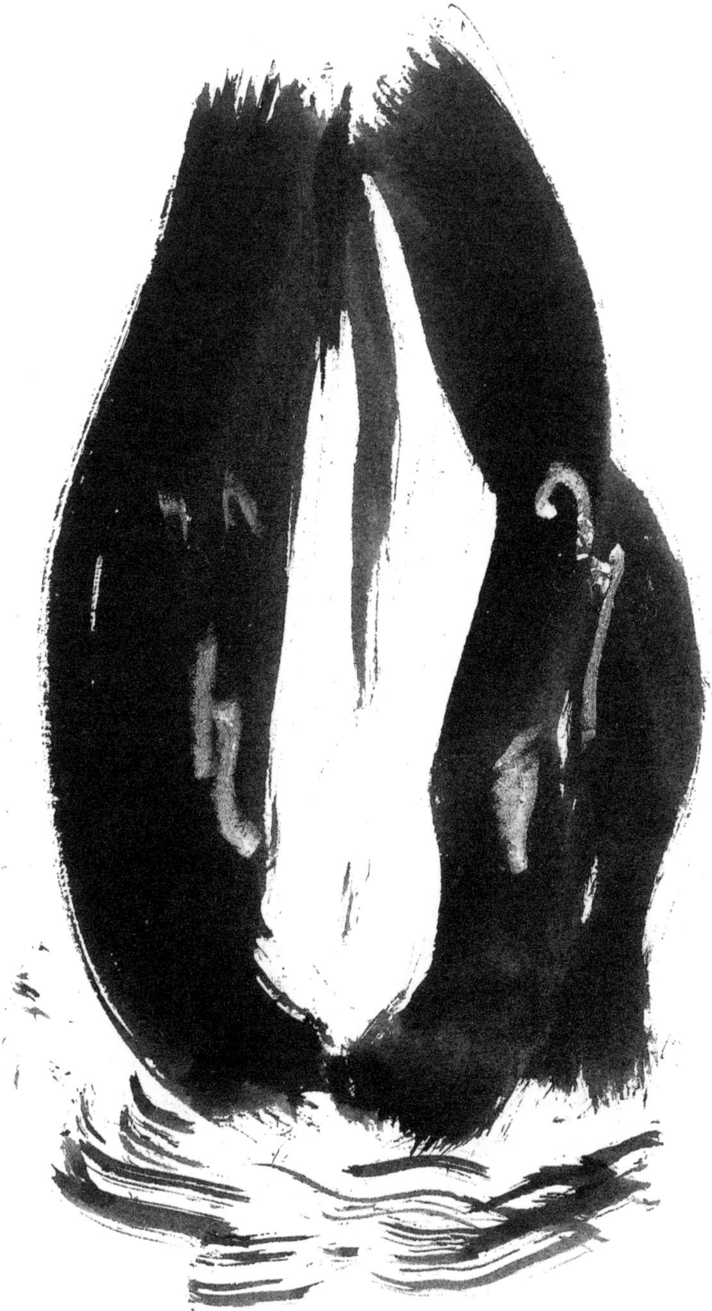

schon wieder – das Kamel von vorher bist, möchte ich versuchen, dich zu trösten. Ohne die Vorbereitung durch deine Lebensnöte hinter das Nadelöhr zu kommen, kann wirklich ziemlich schwer erscheinen. Vielleicht bist du gerade mit deiner Seele vor oder hinter dem Öhr zu reich. Keine Sorge, das mit der Armut kommt schon wieder. Du kannst dich darauf verlassen. Todsicher.

Zum Schluss will ich dir noch etwas aus meinem Kamelleben erzählen:
Neulich hörte ich auf einer meiner Reisen, dass die letzten Wildkamele in der Wüste Gobi vom Aussterben bedroht sind. Ich bin natürlich sofort hingetrabt und habe mir die Sache angesehen. Wirklich übel, sage ich dir. Meine Hauskamelgeschwister, vor allem aber die Menschen machen es den Schwestern und Brüdern in der freien Wildbahn unglaublich schwer. Die Wildkamele tun mir Leid. Und in meinem Wüstenquartier hatte ich viel Zeit zum Nachdenken. Schließlich merkte ich, dass ich mich wirklich darüber freuen könnte, einmal hinter dem Nadelöhr ein Wildkamel zu sein. In meiner letzten Nacht dort habe ich das Ganze dann geträumt. Wie wohl ich mich gefühlt habe, in der Reihe der Kameraden durch die Wüste zu schlendern. Auf dem Weg zur nächsten Stelle, an der wir uns das wenige salzige Wasser teilen und die stacheligen Büsche nach Nahrhaftem absuchen würden. In dieser kargen Welt einer schier endlosen Wüste aus Steinen, Sand und Salz brauchte ich nicht mehr. Vor mir der draufgängerische Hengst, mit dem ich meine Spaßkämpfe haben, und immer dicht bei mir das junge Fohlen, das sich bei Nacht an mich schmiegen würde.
Als ich am Abreisetag aufwachte, war es mit einem Mal so weit: Ich mochte plötzlich gern und mit Liebe das alte Hauskamel sein, das ich nun einmal bin.

Zumindest bis zum nächsten Nadelöhr.

Nachwort – oder:
Wie bei mir das Kamel durchging

Mitten in eine Probe zu einer musikalisch-literarischen Adventsandacht ist es hereingeplatzt. Das erste Kamel, das mit dem Nadelöhr, kam unvermittelt und ließ sich zwei Tage und Nächte lang kaum auf die nächste Stunde vertrösten. Mit einer fast aufdringlichen Anhänglichkeit wich es mir nicht von der Seite und wachte um jeden Augenblick der Wort- und Schriftwerdung. Seine zärtlich tadelnden Hufe legte es besonders auf die Störungen, die der Intellekt des tumben Schreibermenschen dem Geburtsvorgang zufügen wollte. Das zweite Kamel kam ebenso unvermittelt, und obwohl es gar nicht wie ein Kamel aussah, machte es doch bald deutlich, dass es mit dem ersten zusammen in einer Herde leben wollte. Und die vergrößerte sich in den nächsten Monaten immer wieder in ähnlicher Weise: Nachdem sich ein neues Kamel mehr oder weniger deutlich gezeigt und eine Phase des Wartens und der behutsamen Annäherung Raum bzw. Zeit gehabt hat, kommt der erste Entwurf schnell zusammen. In den nächsten Tagen folgen dann nur noch einige, allerdings nicht unbedeutende, Pflegearbeiten wie Füttern, Striegeln, Bürsten, Trocknen usw. Natürlich brauchen die Tiere auch Ansprache und wollen von mir gestreichelt werden.

Die in diesem Büchlein versammelten Texte sind nicht aus einer bestimmten Absicht entstanden und waren nicht eigentlich planbar. Mit ein bisschen Übung konnte ich im Laufe der Zeit allerdings auch gezielt Orte aufsuchen, an denen sich Kamele gern aufhalten. Einige sind froh, wenn sie entdeckt werden,

andere sind eher schüchtern oder gar störrisch. Unter manchem großzügigen Augenzwinkern der Kamele sind in die Geschichten doch ein paar pastörliche Absichten eingeflossen. So finden die geneigten Leserinnen und Leser Gestalten und Begebenheiten in der Kleinherde, die sonst auf keine solche Beachtung und Wertschätzung der Zeitgenossen rechnen könnten – eine vielleicht nicht unberechtigte Sorge des Hirten, der sich gern um das verlorene Schaf mehr kümmert als um die 99 Gerechten. Auch lässt sich der Beruf des Kamelhirten natürlich nicht ohne eine gehörige Portion Tierliebe ausüben. Das Evangelium als Quell vielfältigster Lebensvorgänge ist dem Schreiber umso lieber geworden, je mehr er entdeckt hat, dass ein bestimmter Abschnitt des Evangeliums nicht etwa eine einzige gültige Interpretation kennt, sondern überraschend viele Möglichkeiten des Verständnisses eröffnet. Hoffentlich wirkt das ansteckend.
Wichtiger vielleicht zur Geburtshilfe für die hier versammelten Kamele ist jedoch die Neigung, sie so zu nehmen, wie sie sind, sie also ernst zu nehmen in ihrer jeweiligen Eigenart und keine Zweifel an ihrer Existenz aufkommen zu lassen.

Dazu möchte ich noch etwas aus meiner Geschichte mit dem ersten Kamel erzählen: Ich kenne das Wort vom Kamel, das eher durch das Nadelöhr geht, schon seit Kindertagen. Damals war mir noch jeder Zweifel an der Wirklichkeit dieses Tieres vor und hinter dem Nadelöhr fremd.
Später stand ich mit meinem erwachenden Intellekt höchstpersönlich und ziemlich ausdauernd vor dem Nadelöhr, hinter dem es sich nicht *mit*, sondern *in* Evangelienbildern leben lässt. Weder Morgensterns Gedicht mit dem *douceur*, noch die klugen Erläuterungen der Wissenschaftler über den angeblich wahren Sinn dieses Wortes (»Nadelöhr heißt das kleinste Tor Jerusalems, durch das nur ein unbepacktes Kamel hindurch-

kommt« oder »Im Aramäischen sind das Wort Kamel und das Wort Schiffstau so nahe verwandt, dass eine Verwechslung vorliegen könnte«) konnten mir durch das Öhr hindurchhelfen. Aber sie haben mich auch nicht vollständig dazu bringen können, das Kamel mit dem Nadelöhr zu verleugnen.

Im Studentenalter begegnete ich Günther Langes Büchern *Grenzgänger wie Hiob* und *Fundevogel, das bin ich selbst.* Sie haben mich von ihrem Stil her so für sich eingenommen, dass mancher Leser eine leise Verwandtschaft der Kamel-Texte mit den Arbeiten Günther Langes bemerkt haben wird. In den genannten Büchern findet sich eine Sprache, die, nüchtern und zugleich innig, direkt das Wesentliche zum Ausdruck bringt. Die intellektuelle Enthaltsamkeit bewirkt, dass die Worte der Bildkraft des Darzustellenden nicht im Wege stehen. Ich hoffe, dass die vorliegenden Texte diesem Vorbild einigermaßen gerecht werden.

Noch später begegnete ich den Aufsätzen neapolitanischer Grundschüler, die ihr Lehrer Marcello D'Orta unter dem Titel *In Afrika ist immer August* herausgegeben hat. Er unterrichtete in einer Vorstadt Neapels, in der viele Familien in Armut leben. In einem dieser Aufsätze fand ich einen nur dem Kindlichen möglichen Ansatz, dem Sinn von Kamel und Nadelöhr zwar mit dem Verstand, aber ohne den Zweifel näher zu kommen:

»In Arzano sind wir zum Glück alle arm.
In Arzano gibt es niemand, der um Almosen bettelt, weil er weiß, daß niemand es ihm geben kann.
Aber einen Reichen gibt es: das ist der Bürgermeister von Arzano, der hat einen Mercedes, einen Testarossa und ein Fahrrad.
Bei dem geht das Kamel durch.«

Ich brauchte eine längere Zeit, um mich in diese Sicht einzufühlen. Als ich wieder genügend selber Kind geworden war, wurde

mir klar: Die Schülerin oder der Schüler sieht den Reichen und das Kamel wie bei einem Wettlauf nebeneinander. Entweder kommt der Reiche in den Himmel oder das Kamel durch das Nadelöhr, nur einer kann gewinnen. Der Ausdruck »Bei dem geht das Kamel durch«, hat mich allerdings nachhaltig beschäftigt und mich dazu verleitet, mir das Durchgehen von Kamelen durch reiche Menschen wortwörtlich vorzustellen.
Deshalb wohl konnte ich aufhorchen, als während der besagten Probe das Kamel bei mir durchging.